Celebra

por Jeri Cipriano

Contenido

Consultant: Dwight Herold, Ed.D., Past President, Iowa Council for the Social Studies

Otoño

En el otoño, los caribeños celebran Carnaval. La gente se pone disfraces. Ellos caminan en desfiles.

Los vietnamitas celebran la luna.
Los niños comen pastelitos
y cargan linternas iluminadas.

En los Estados Unidos se celebra
el Día de Acción de Gracias.
La gente come una comida especial.
Dan gracias por las cosas
que cultivan.

En India la gente celebra
Diwali, un festival de luces.
Se dan regalos. Prenden velas.

Invierno

En el invierno, la gente celebra Kwanzaa. Celebran su cultura africana.

Alrededor del mundo las familias judías celebran Hanukkah. Prenden velas para celebrar la libertad.

La gente de la República de China
celebran el año nuevo chino.
La gente baila el baile del león.
Miran un desfile.

La gente celebra Mardi Gras en las Filipinas. La gente se pone máscaras. Bailan en las calles.

Primavera

El primero de mayo marca
el comienzo de la primavera
en muchos países. Los niños bailan
la danza de cintas alrededor
de un palo adornado.

La gente de Cambodia celebra
el año nuevo en la primavera.
La gente baila y tira pétalos
de flores.

El Cinco de Mayo es
una celebración mexicana.
Los conjuntos tocan música.
Las bailarinas usan trajes típicos.

Es el Día de los Niños en Japón. Las familias vuelan papalotes en forma de pez.

Verano

En el verano los indígenas norteamericanos celebran su cultura. Ellos bailan el baile de los aros.

En julio, los estadounidenses celebran el Día de la Independencia. El Día de la Independencia es el cumpleaños de los Estados Unidos.

¿Qué días de fiesta celebras tú?